11 ISBN-Bücher und viiiele no-isbn-Bücher... Das heißt zu no-isbn: keine dieser Worte, Gedanken, Momente... Für die Nationalbibliothek, hihihi...

Ein kleines Best of aus den no isbn-Büchern wie Das Eichhörnchen aus der Dimension, The Best of, Rust Never Sleeps etc (alle 2018/2019)...

Desweiteren einige andere Shots, z.B. aus dem Rolling Stone, Eclipsed etc.

GERSTE BEDEUTUNSLOS

AUS DEM KOPF VON GERD STEINKOENIG

Ziel im Momentum (06.09.2019): mehr Selbständigkeit, ich bin der Boss, hab jetzt "Entlassung" von "Psycho", was kommt jetzt, wieder Intrigen, oder doch, oder nicht, wieder keinen Respekt, oder doch, oder nicht, ich will meine Ruhe haben mit Lebensniveau, ich kriegs hin besser, Zukunft mit Job/Kohle/Location, bla bla bla...

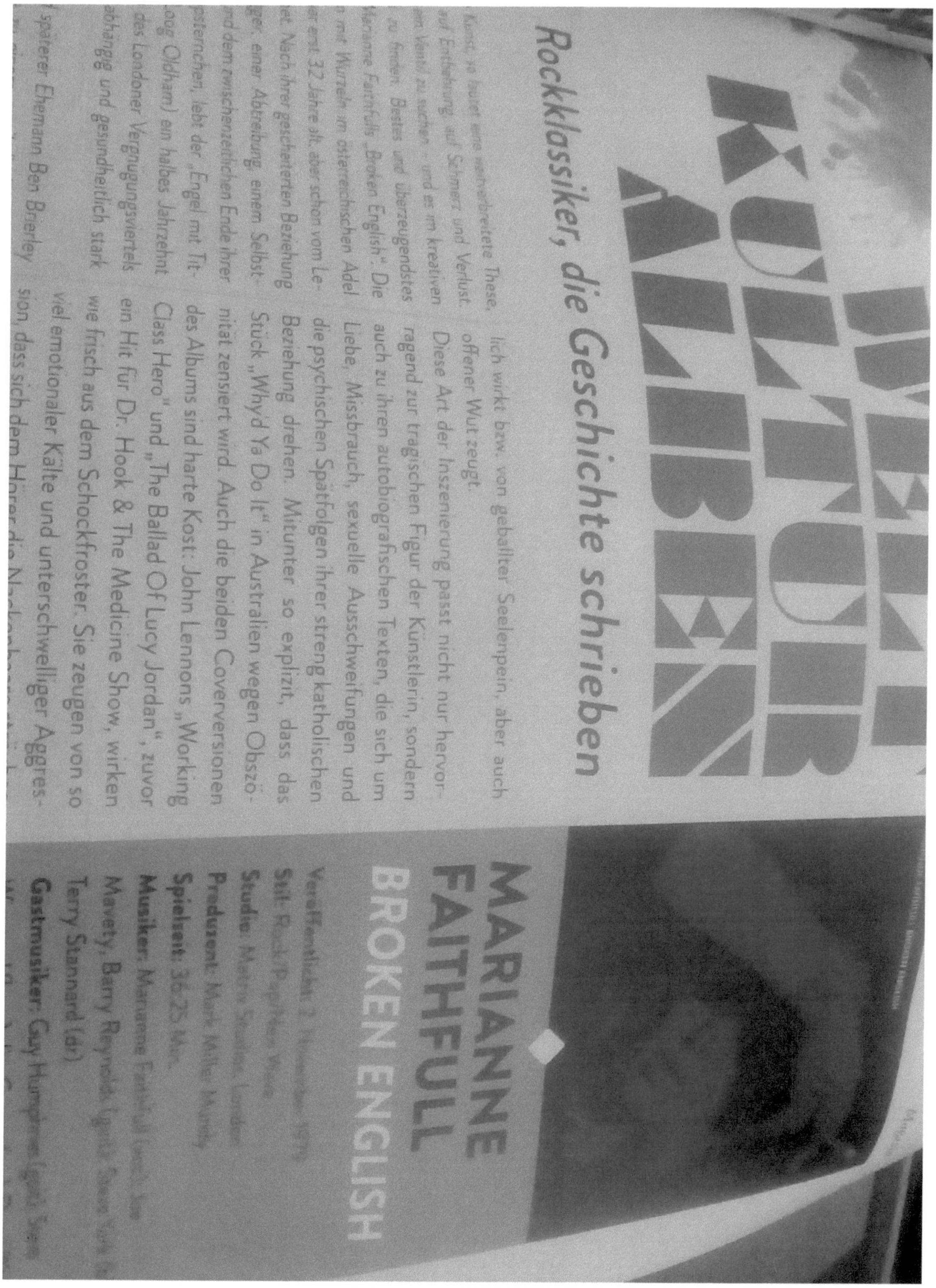

WELT KULTUR ALBEN

Rockklassiker, die Geschichte schrieben

Kunst, so lautet eine weitverbreitete These, ... auf Entbehrung, auf Schmerz und Verlust. ... em Ventil zu suchen – und es im kreativen ... zu finden. Bestes und überzeugendstes ... Marianne Faithfulls „Broken English". Die ... n mit Wurzeln im österreichischen Adel ... ar erst 32 Jahre alt, aber schon vom Le- ... et. Nach ihrer gescheiterten Beziehung ... ger, einer Abtreibung, einem Selbst- ... nd dem zwischenzeitlichen Ende ihrer ... östernchen, lebt der „Engel mit Tit- ... oog Oldham) ein halbes Jahrzehnt ... des Londoner Vergnügungsviertels ... abhängig und gesundheitlich stark ... später Ehemann Ben Brierley ...

lich wirkt bzw. von geballter Seelenpein, aber auch offener Wut zeugt.

Diese Art der Inszenierung passt nicht nur hervorragend zur tragischen Figur der Künstlerin, sondern auch zu ihren autobiografischen Texten, die sich um Liebe, Missbrauch, sexuelle Ausschweifungen und die psychischen Spätfolgen ihrer streng katholischen Beziehung drehen. Mitunter so explizit, dass das Stück „Why'd Ya Do It" in Australien wegen Obszönität zensiert wird. Auch die beiden Coverversionen des Albums sind harte Kost: John Lennons „Working Class Hero" und „The Ballad Of Lucy Jordan", zuvor ein Hit für Dr. Hook & The Medicine Show, wirken wie frisch aus dem Schockfroster. Sie zeugen von so viel emotionaler Kälte und unterschwelliger Aggression, dass sich dem Hörer die Nacken...

MARIANNE FAITHFULL
BROKEN ENGLISH

Veröffentlicht: 2. November 1979
Stil: Rock/Pop/New Wave
Studio: Matrix Studios, London
Produzent: Mark Miller Mundy
Spielzeit: 36:25 Min.
Musiker: Marianne Faithfull (voc), Joe Mavety, Barry Reynolds (git), Steve York (b), Terry Stannard (dr)
Gastmusiker: Guy Humphries (git), Steve ...

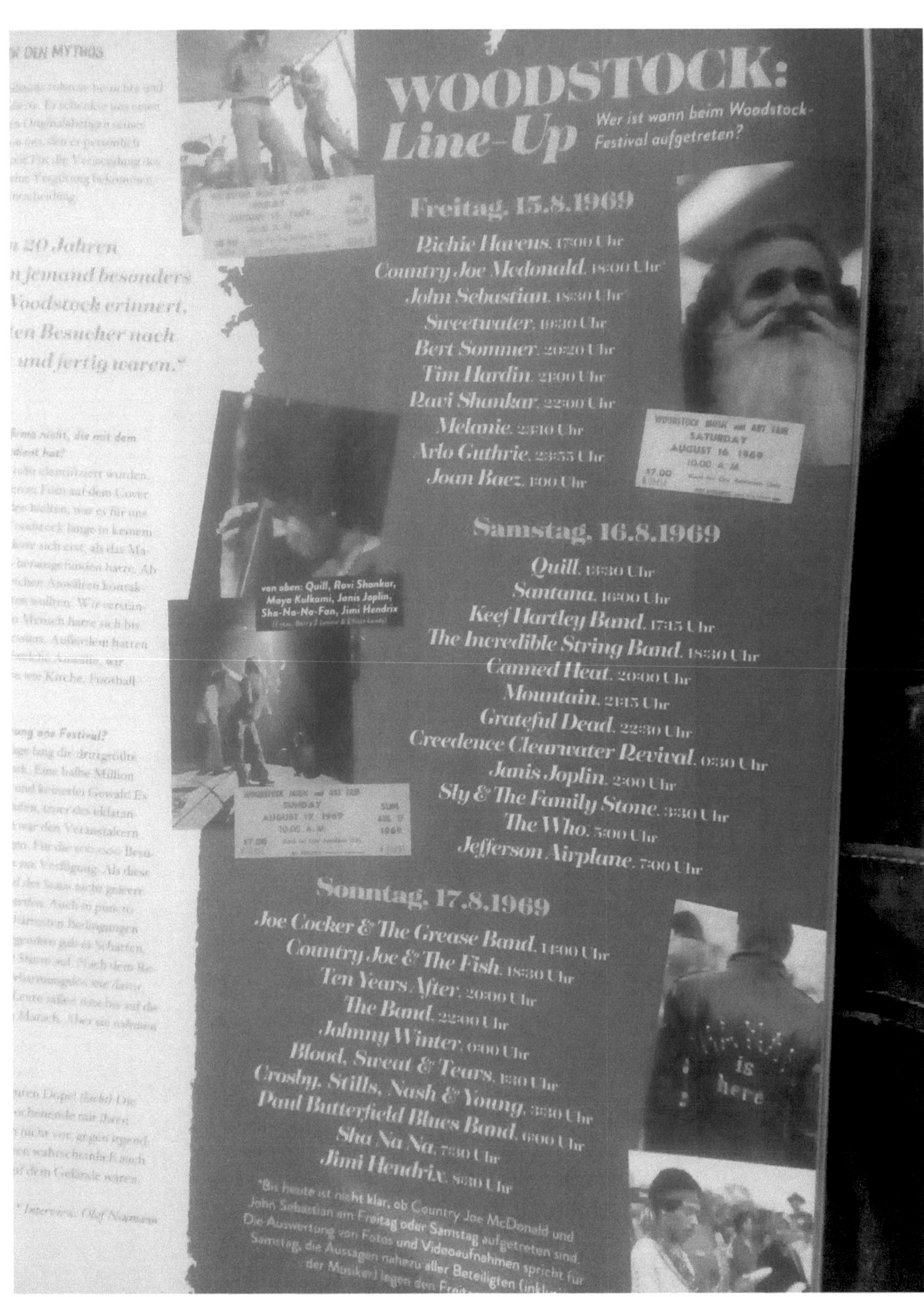
WOODSTOCK:
Line-Up
Wer ist wann beim Woodstock-Festival aufgetreten?

Freitag, 15.8.1969
Richie Havens. 17:00 Uhr
Country Joe Mcdonald. 18:00 Uhr
John Sebastian. 18:30 Uhr
Sweetwater. 19:30 Uhr
Bert Sommer. 20:20 Uhr
Tim Hardin. 21:00 Uhr
Ravi Shankar. 22:00 Uhr
Melanie. 23:10 Uhr
Arlo Guthrie. 23:55 Uhr
Joan Baez. 1:00 Uhr

Samstag, 16.8.1969
Quill. 13:30 Uhr
Santana. 16:00 Uhr
Keef Hartley Band. 17:15 Uhr
The Incredible String Band. 18:30 Uhr
Canned Heat. 20:00 Uhr
Mountain. 21:15 Uhr
Grateful Dead. 22:30 Uhr
Creedence Clearwater Revival. 0:30 Uhr
Janis Joplin. 2:00 Uhr
Sly & The Family Stone. 3:30 Uhr
The Who. 5:00 Uhr
Jefferson Airplane. 7:00 Uhr

Sonntag, 17.8.1969
Joe Cocker & The Grease Band. 14:00 Uhr
Country Joe & The Fish. 18:30 Uhr
Ten Years After. 20:00 Uhr
The Band. 22:00 Uhr
Johnny Winter. 0:00 Uhr
Blood, Sweat & Tears. 1:30 Uhr
Crosby, Stills, Nash & Young. 3:30 Uhr
Paul Butterfield Blues Band. 6:00 Uhr
Sha Na Na. 7:30 Uhr
Jimi Hendrix. 8:00 Uhr

von oben: Quill, Ravi Shankar,
Maya Kulkami, Janis Joplin,
Sha-Na-Na-Fan, Jimi Hendrix
(Foto: Barry J Levine & Elliott Landy)

"Bis heute ist nicht klar, ob Country Joe McDonald und
John Sebastian am Freitag oder Samstag aufgetreten sind.
Die Auswertung von Fotos und Videoaufnahmen spricht für
Samstag, die Aussagen nahezu aller Beteiligten (inkli...
der Musiker) legen den Freit...

TOP 10 ALBEN

1. **Peter Maffay**: Steppenwolf
2. **Dire Straits**: Communiqué
3. **Supertramp**: Breakfast In America
4. **ABBA**: Voulez-Vous
5. **Dire Straits**: Dire Straits
6. **Manfred Mann's Earth Band**: Angel Station
7. **Art Garfunkel**: Fate For Breakfast
8. **Electric Light Orchestra**: Discovery
9. **Bee Gees**: Spirits Having Flown
10. **Donna Summer**: Bad Girls

LONDONER FENSTERSTURZ

1.6.1973 Wie mies muss e
sein, dass man versucht, ü
Regenrinne an der Auße
Hauses zu flüchten? De
SOFT MACHINE-Dr
ROBERT WYATT ve
Vollrausch genau die
gehörig schief. Er st
sich schwer an der
ist von nun an geli

„Als [Robert] i
wieder bei Beu
so ziemlich da
mir sagte: ‚N

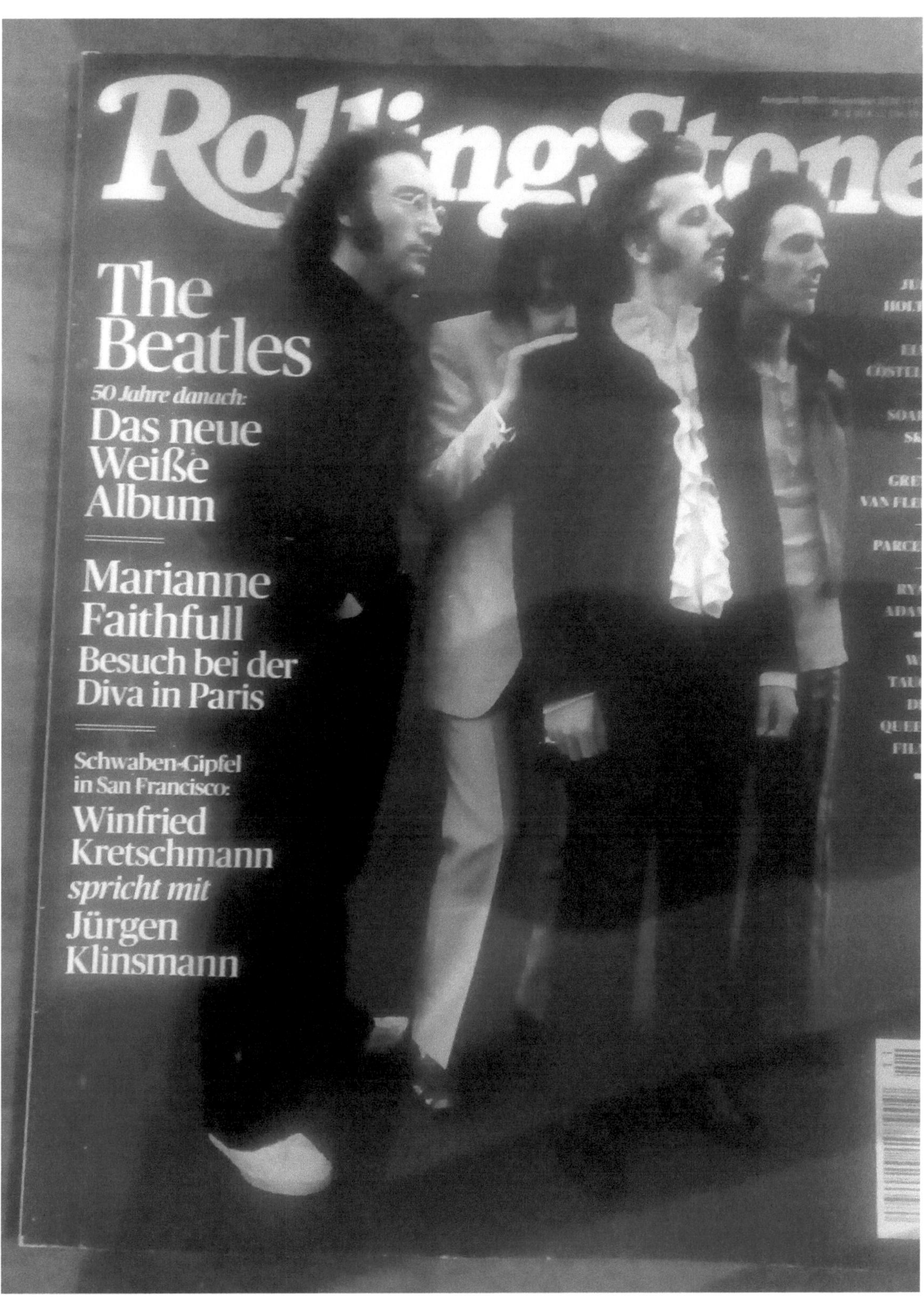
Rolling Stone
The
Beatles
50 Jahre danach:
Das neue
Weiße
Album
Marianne
Faithfull
Besuch bei der
Diva in Paris
Schwaben-Gipfel
in San Francisco:
Winfried
Kretschmann
spricht mit
Jürgen
Klinsmann

Gerd Stein... ... war das immer Umdrehung.
Das war lustig mit der Toilette - die war fest, der Kumpel mit dem Tisch in Umdrehung und
Alkohol und so, hahaha ;-) Gerade eingefallen...

24. Juni 2018

Neues Leben!! Don´t Look Back ist immer besser, aber natürlich viele
Erinnerungen/Erlebnisse... Ich möchte den neuen Weg, die Tür, das Fenster erleben! Ich
weiß nicht, ob alles geht, wie es geht. Es SOLL sein, denn ich bin der Chef. Ob ich´s hin
kriege.... Diverse Facetten, Abbiegungen, Menschen die helfen oder scheiße machen, Ziel
und Plan ist der Weg zu DEM Weg! Forever Annweiler am Trifels, tatsächlich wieder
Kaiserslautern, oder back to the roots Mannheim, oder ganz was anderesmit Deutschland
anderswo..... Ich merke, wie ich desöfteren fb-Freunde einlud - die Gruppe "ANNWEILER am
Trifels" oder fb-Freundinnen in Kaiserslautern und anderswo in Deutschland. Oder Wien!
Wien ist geil! Zig fb-Freunde! Die "Deutschland anderswo"-Freundin wäre eine Aufgabe mit
Liebe. Oder Pragmatik in Annweiler, Landau, Kaiserslautern, Mannheim??! Ich weiß nur, das
ich den nächsten Lebensweg gehe. Lebensstationen, Lebensjahre. Es geht immer wieder hin
und her, z.B. in dieser Zeitoase mit KL oder MA - jetzt ist es anders! Oder doch? Den Sprung
über die Schlucht wagen? Forever Annweiler? Oder zu "Deutschland anderswo"? Priorität:
Partnerin!

Silly Love Songs-Paul McCartney & Wings you tube

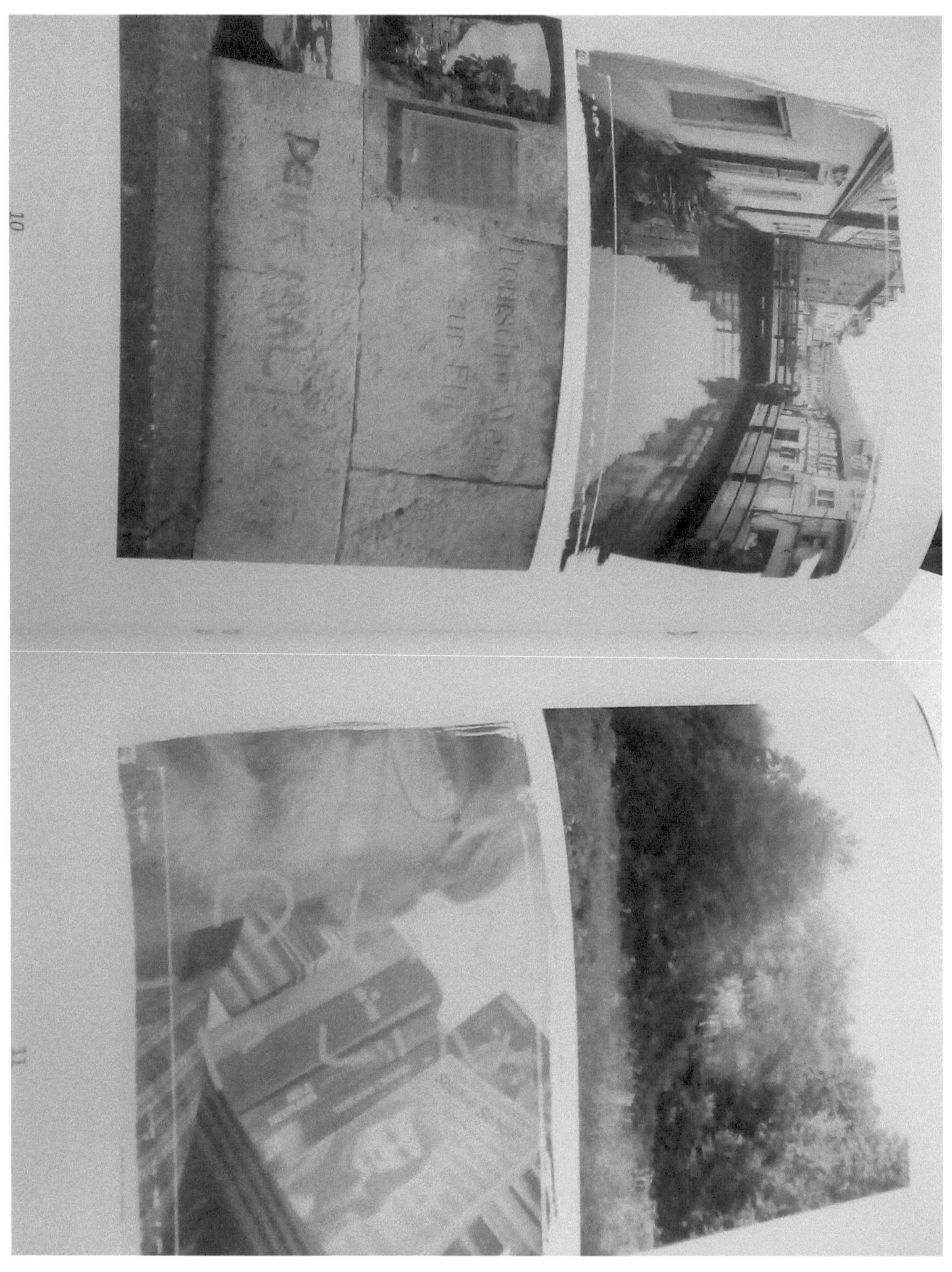

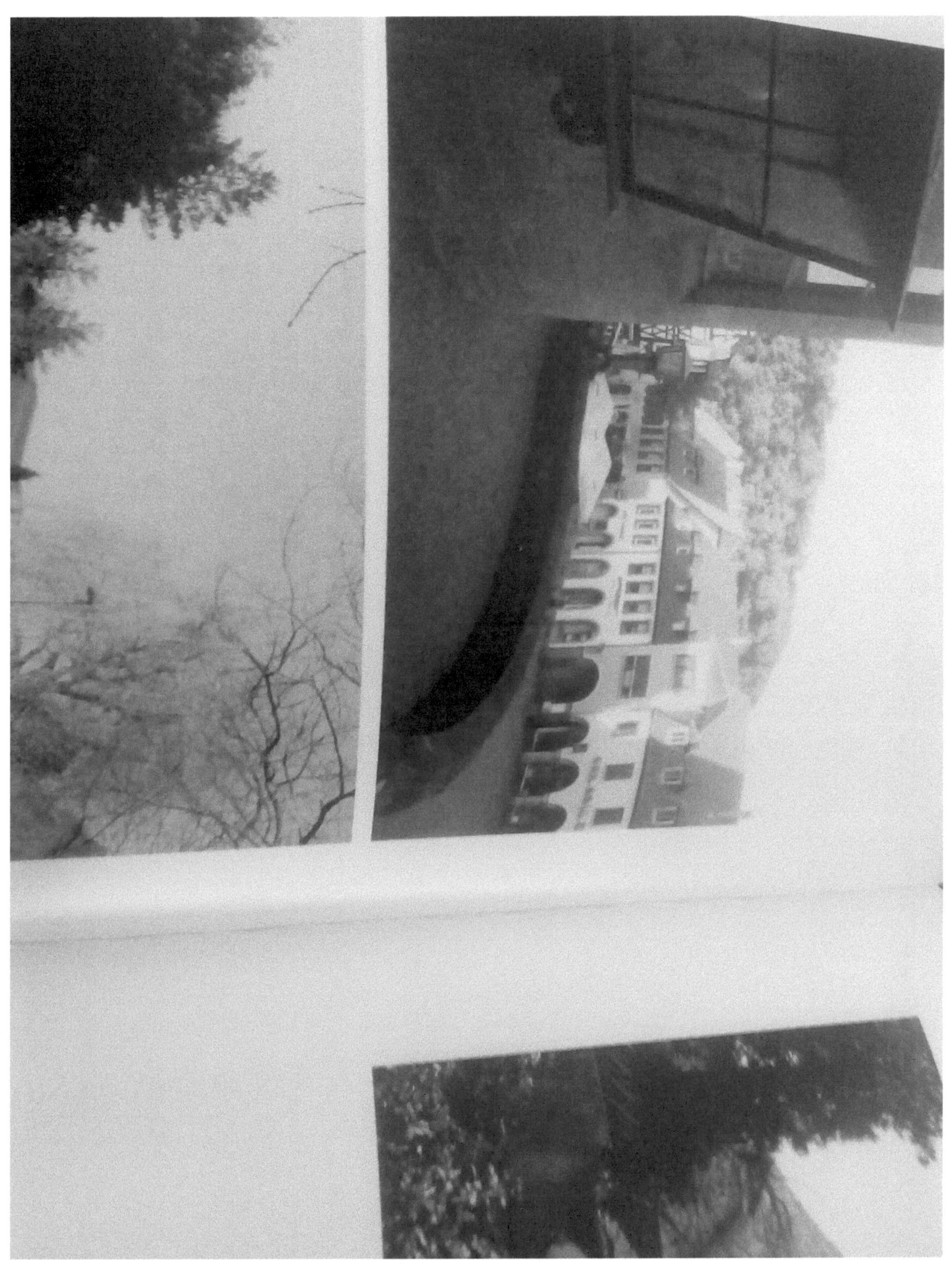

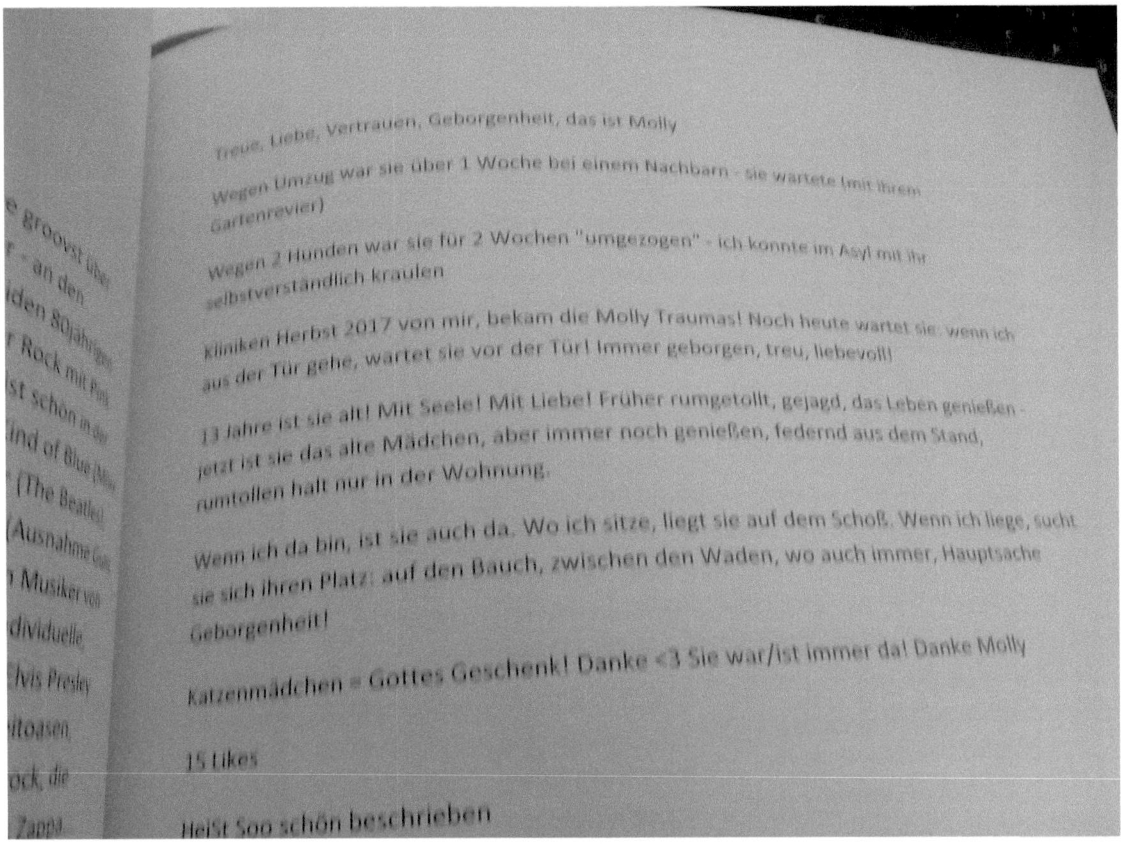

Treue, Liebe, Vertrauen, Geborgenheit, das ist Molly

Wegen Umzug war sie über 1 Woche bei einem Nachbarn - sie wartete (mit ihrem Gartenrevier)

Wegen 2 Hunden war sie für 2 Wochen "umgezogen" - ich konnte im Asyl mit ihr selbstverständlich kraulen

Kliniken Herbst 2017 von mir, bekam die Molly Traumas! Noch heute wartet sie: wenn ich aus der Tür gehe, wartet sie vor der Tür! Immer geborgen, treu, liebevoll!

13 Jahre ist sie alt! Mit Seele! Mit Liebe! Früher rumgetollt, gejagd, das Leben genießen - jetzt ist sie das alte Mädchen, aber immer noch genießen, federnd aus dem Stand, rumtollen halt nur in der Wohnung.

Wenn ich da bin, ist sie auch da. Wo ich sitze, liegt sie auf dem Schoß. Wenn ich liege, sucht sie sich ihren Platz: auf den Bauch, zwischen den Waden, wo auch immer, Hauptsache Geborgenheit!

Katzenmädchen = Gottes Geschenk! Danke <3 Sie war/ist immer da! Danke Molly

15 Likes

HeiSt Soo schön beschrieben

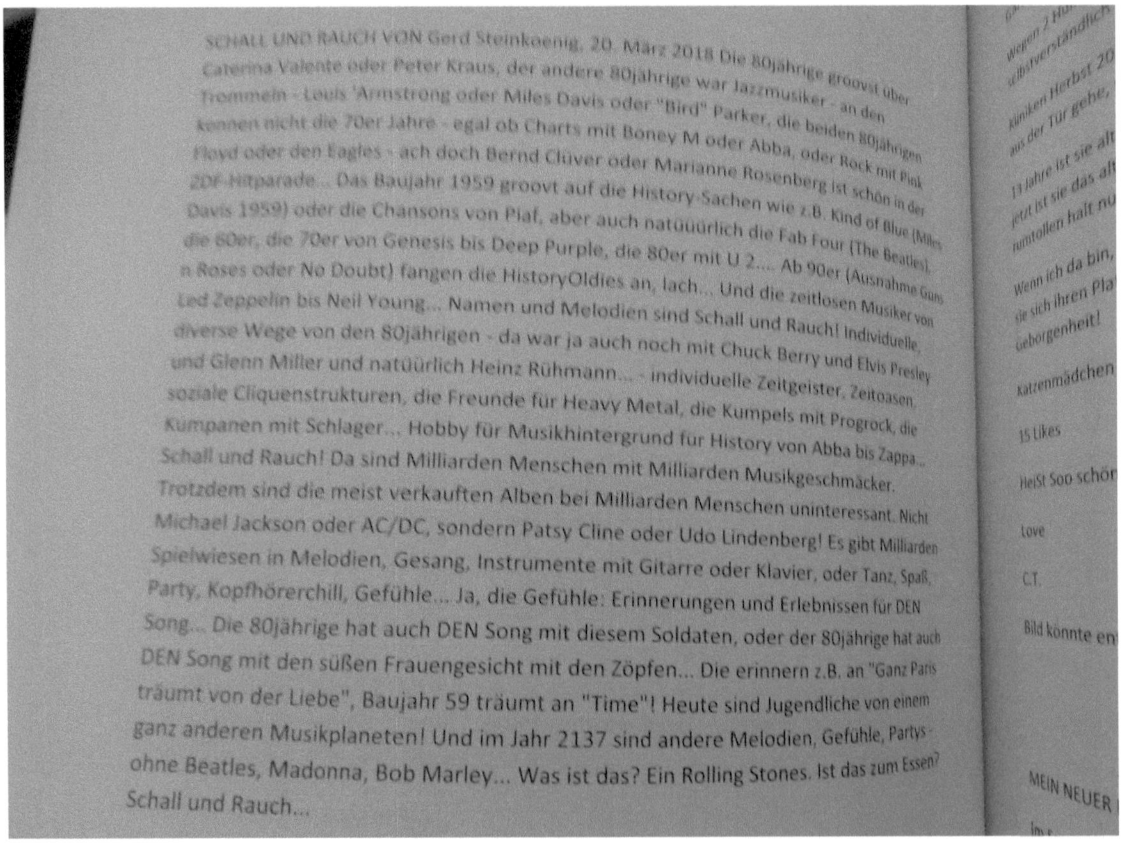

SCHALL UND RAUCH VON Gerd Steinkoenig, 20. März 2018 Die 80jährige groovt über Caterina Valente oder Peter Kraus, der andere 80jährige war Jazzmusiker - an den Trommeln - Louis 'Armstrong oder Miles Davis oder "Bird" Parker, die beiden 80jährigen kennen nicht die 70er Jahre - egal ob Charts mit Boney M oder Abba, oder Rock mit Pink Floyd oder den Eagles - ach doch Bernd Clüver oder Marianne Rosenberg ist schön in der ZDF-Hitparade... Das Baujahr 1959 groovt auf die History-Sachen wie z.B. Kind of Blue (Miles Davis 1959) oder die Chansons von Piaf, aber auch natüürlich die Fab Four (The Beatles), die 60er, die 70er von Genesis bis Deep Purple, die 80er mit U 2.... Ab 90er (Ausnahme Guns n Roses oder No Doubt) fangen die HistoryOldies an, lach... Und die zeitlosen Musiker von Led Zeppelin bis Neil Young... Namen und Melodien sind Schall und Rauch! Individuelle, diverse Wege von den 80jährigen - da war ja auch noch mit Chuck Berry und Elvis Presley und Glenn Miller und natüürlich Heinz Rühmann... - individuelle Zeitgeister, Zeitoasen, soziale Cliquenstrukturen, die Freunde für Heavy Metal, die Kumpels mit Progrock, die Kumpanen mit Schlager... Hobby für Musikhintergrund für History von Abba bis Zappa... Schall und Rauch! Da sind Milliarden Menschen mit Milliarden Musikgeschmäcker. Trotzdem sind die meist verkauften Alben bei Milliarden Menschen uninteressant. Nicht Michael Jackson oder AC/DC, sondern Patsy Cline oder Udo Lindenberg! Es gibt Milliarden Spielwiesen in Melodien, Gesang, Instrumente mit Gitarre oder Klavier, oder Tanz, Spaß, Party, Kopfhörerchill, Gefühle... Ja, die Gefühle: Erinnerungen und Erlebnissen für DEN Song... Die 80jährige hat auch DEN Song mit diesem Soldaten, oder der 80jährige hat auch DEN Song mit den süßen Frauengesicht mit den Zöpfen... Die erinnern z.B. an "Ganz Paris träumt von der Liebe", Baujahr 59 träumt an "Time"! Heute sind Jugendliche von einem ganz anderen Musikplaneten! Und im Jahr 2137 sind andere Melodien, Gefühle, Partys - ohne Beatles, Madonna, Bob Marley... Was ist das? Ein Rolling Stones. Ist das zum Essen? Schall und Rauch...

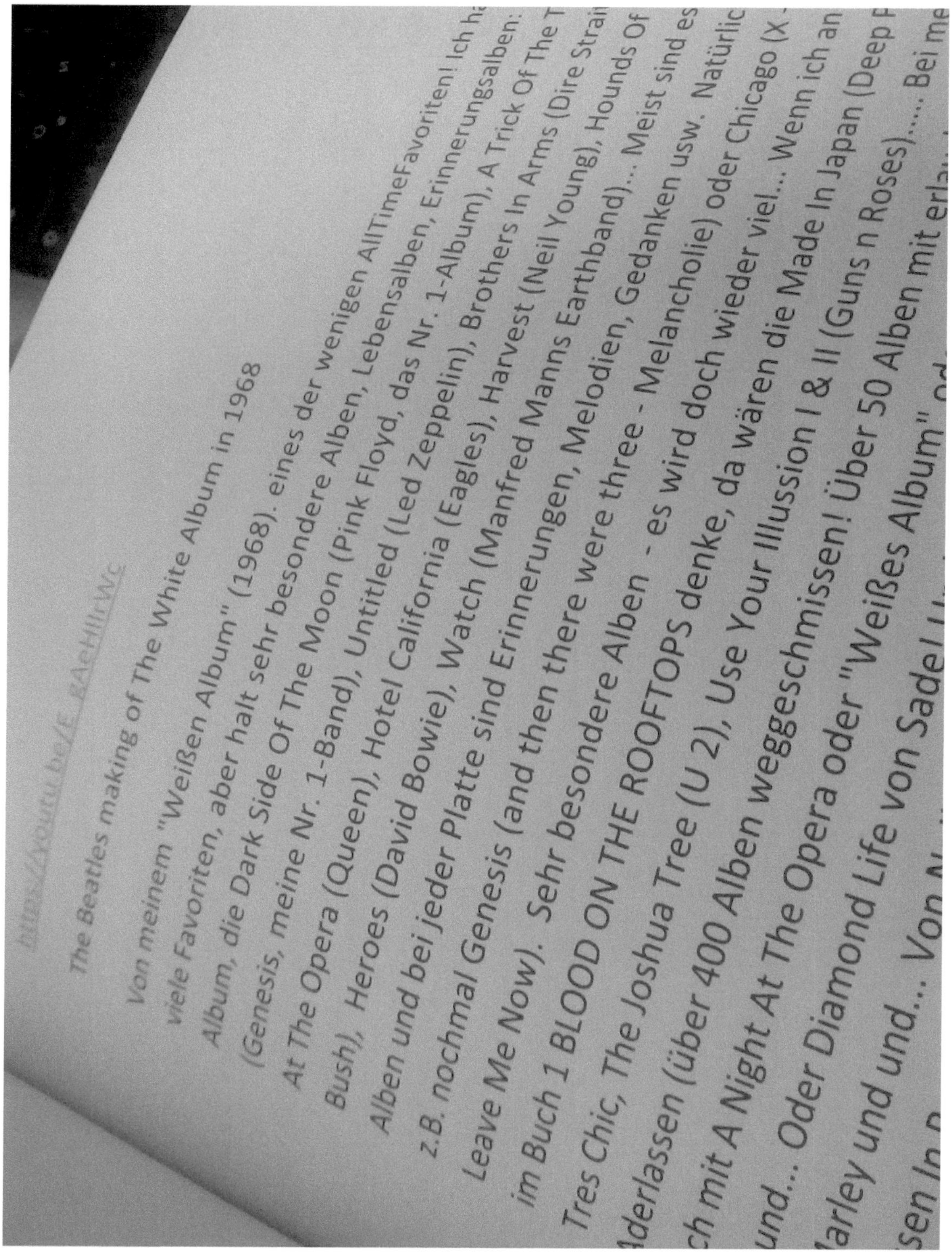

https://youtu.be/E_gAeHllrWc

The Beatles making of The White Album in 1968

Von meinem "Weißen Album" (1968). eines der wenigen AllTimeFavoriten! Ich ha
viele Favoriten, aber halt sehr besondere Alben, Lebensalben, Erinnerungsalben:
Album, die Dark Side Of The Moon (Pink Floyd, das Nr. 1-Band), A Trick Of The T
(Genesis, meine Nr. 1-Band), Untitled (Led Zeppelin), Brothers In Arms (Dire Strai
At The Opera (Queen), Hotel California (Eagles), Harvest (Neil Young), Hounds Of
Bush), Heroes (David Bowie), Watch (Manfred Manns Earthband)... Meist sind es
Alben und bei jeder Platte sind Erinnerungen, Melodien, Gedanken usw. Natürlic
z.B. nochmal Genesis (and then there were three - Melancholie) oder Chicago (X -
Leave Me Now). Sehr besondere Alben - es wird doch wieder viel... Wenn ich an
im Buch 1 BLOOD ON THE ROOFTOPS denke, da wären die Made In Japan (Deep P
Tres Chic, The Joshua Tree (U 2), Use Your Illussion I & II (Guns n Roses)..... Bei me
derlassen (über 400 Alben weggeschmissen! Über 50 Alben mit erla
ch mit A Night At The Opera oder "Weißes Album" od
und... Oder Diamond Life von Sade! U
arley und und... Von N
sen In R

https://youtu.be/UQmznZFi8Ho The Beatles - Dear Prudence deutsch

Liebe Prudence , kommst du nicht raus zum Spielen ?

Liebe Prudence , begrüße den brandneuen Tag.

Die Sonne scheint , der Himmel ist blau,

es ist wunderschön und so bist du.

Liebe Prudence , kommst du nicht raus zum Spielen ?

Liebe Prudence , öffne mal deine Augen.

Liebe Prudence , schau den sonnigen Himmel an.

Uhr) wenn Xmas und Silvester endlich vorbei ist. Melancholie, zu viel dunkel, scheiß "Last Christmas" von Wham, Doppelmoral von wegen "Alle Menschen sind Brüder"...

GEFÜHLE

Vorbild: Andy Warhol - er ist der Robotermensch... Gefühle tun weh, euphorisch, verliebt, weh, Seelenunterhaltung, Erinnerungen, weh, sehr schön für Erlebnisse (durfte ich) - aber Gefühle sind scheiße.... - Fortsetzung folgt (wegen heute... 25.11.18, 19:39h)

KUNST

Andy Warhol!! (Geburtstag mit 6.8. wie Vater - kennt Andy natürlich nicht, lach ;-))

LIEBE

.... ist nur ein Wort (J.-M. Simmel). Das Buch hatte ich in den 70er Jahren ganz und gar. Viele Jahrzehnte später ist die Vorausahnung von Jahrzehnte früher. Der Film auch - Judy Winter. Eine Freundin (M.B.) hatte das Buch auch. Und im Leben Liebe, Partnerinnen, Freundinnen oder auch nicht mit Einsamkeit, Gefühle, Sehnsucht, Wege oder andere Wege...

https://youtu.be/3bmuEbHPL6k

youtube.com

Steve Hackett - Shadow of the Hierophant

One of the most powerful performances I've ever seen/heard. From Steve Hackett DVD Fire & Ice

0Likes

https://youtu.be/9CsUEfYFVl8 Gute Frage!!!!

youtube.com

Harald Lesch: Wie entsteht das ETWAS aus dem NICHTS ?

Ein 20-minütiges Gespräch mit Harald Lesch über eine Reise zurück zum Urknall, über dunkle Energie, die...

3 Likes

19 Std. ·

5. April um 23:41 ·

KUNST- UND KULTURDISKUSSION ÜBER DEN EIGENEN SCHEIßHAUFEN: meine Bücher interessieren einen Scheiß, ist egal, Hauptsache hatte ich meinen Herzenssachen. Gibt 2 gute Joke-Sprüche über James Blunt (von der Stimme reißen die apokalyptischen Reiter aus usw) und Peter Maffay (Godfather of Schlagerrock). Mehrere Prosaen hat ein paar schöne Sätze. Ich bin unbekannt. Wenn irgendein Promivollpfosten was rumkritzelt, steht das Buch in den Bücher Top 20... Bei Vernisage, Museumseck oder Kulturfabrik usw etc stehen debile Kulturstücke, die einfach mit Message von 5 Minuten Arbeit veröffentlichen. Am Besten wie Joseph Beuys: Ich mache einen eigenen Scheißhaufen und stecke ein Fähnlein mit dem Wort "Demokratiekrise", oder am Besten ein paar drumherum Hundescheißhaufen mit der Fähnlein mit Worten "scheiß Trump", "scheiß Putin", "scheiß Merkel" usw.... Mit einem Promi wäre es ein Skandal!!! Bild-Zeitung-Headline!!! Diskussion in den TV-Talkshows!!! ich bin unbekannt, mit meinem geilen Kunstscheiß, hab ich dann Geldstrafe oder beim Psychiater oder so...

13 Std.

Rockstars in concert... Heute ja nicht mehr mit ihren Uniformierungen. Aber in den 1960ern und 1970ern waren Rockstars mit Politik, Idealismus, Experimente, Future, Unschuld. Und dann war da u.a. Pink Floyd, z.B. mit The Wall mit Zeit in Jahrzehnten voraus. Und immer Vorbild: Another Brick in the Wall (oder All You Need Is love/Beatles oder Satisfaction/Stones, Vietnam mit Woodstock u.v.a.) war einer der "LehrerHits". Roger Waters könnte ein Diktator sein! Suggessionen über die Fans, Worthülsenattacken, Skandierhits, Aufruhr für die Mexikaner (gegen den Trump natürlich). OK OK, natürlich ist Waters im Prinzip klasse - allein die Texte der Songs! Aber im Alter wird er zynischer und durch die Gottheit über die Aura des Pink Floyd, könnte Roger Waters ihren Jüngern singen und schreien: sch... Israel, sch.. Trump usw... Waters ein Diktator? Früher Hitler, Stalin, Nixon.... Und heute wird von den OldSchool-Rockstars diktiert: Live 8, Live Earth, Live Aid: für Geld für die Armen durch die Politiker, gegen Klimawandel, für Afrika, das waren die 3 Benefiz-highlights, war ja ok!!! Aber wenn aufeinmal ganz andere Texte brettern... Hip Hop ist ja schon Textkacke. Ach ja, das waren Zeiten, mit Jimi Hendrix mit zerfetzten US-Hymne, oder Genesis setzte das Gehirn durch die Reise durch Rael - Idealismus, Naivität, Experimentierfreude, Positive Vibrations! Heute wird Musik als Industrie wie die social medias in Politik, Kaffee, Milchshakes, ach ja Musik auch drin... THE WALL war 1979 - 1982 Jahrzehnte ihrer Zeit voraus, auch THE DARK SIDE OF THE MOON (über Einsamkeit, Gehirn, Emphatie usw, 1973). Das war innovativ! Heute ist durch PF-Texte Rummelplatz zwischen dem genialen Text von TIME, McDonalds, VW oder was weiß ich. Wenn im Video PIGS als Vorschreier hetzt gegen Trump (sch.. Trump!!! Es geht ums Prinzip!), dann wird der Rockstar zum Aufrührer! 300 000 Zuschauer! Hat irgend jemand kapiert, was ich gelabert habe?? Hahahahahahahahaha :-Dhttps://youtu.be/EODxarcjSds

youtube.com

Roger Waters Live In Mexico City 2016 1

Gefällt mir

Stephen Hawking, John F Kennedy, Goethe, Shakespear, Albert Einstein, Jesus, Buddah, Ghandi, Mutter Theresa, Maria Theresa, MM, CC, BB, Lessing, Schiller, Michelle Obama, Martin Luther King, Nelson Mandela, Maria Magdalena, Angela Merkel und 1000 weitere Menschen würde ich gerne unterhalten, diskutieren, über die Zeitgenossen, Zeitgeister, Zeitoasen, Jahreszeiten, Vergangenheit, Gegenwart, Zukunft, in der GLEICHEN ZEIT!!! Warum wird Geschichte gelogen? Warum überhaupt? Ist irgendwo die Bibel original??? Ich bin ab 1959, andere ab 1930, andere ab 1995 oder 2010, oder 1870 war die nächste Dimension, oder 1900 oder 1935 oder 1970… Aber wie können die Geschichten, die Geschichte ZEITNAH ÜBERLEBEN??! Daher, weil die Menschen ca 80 Jahre alt sind, und wenn sie im nächsten Leben sind (andere Dimension, andere Paralelluniversen), kann DIE STORY nicht überleben. Französische Revolution, Dreißigjähriger Krieg, WW I, WWII, Kalter Krieg in der Bonner Republik usw usw… Wenn Menschen unsterblich sind und dadurch IMMER ERINNERN, dann kann auch DIE STORY weiterhin überleben! Dann sind 1848 in der Deutschen Revolution, immer noch up to date im Jahr 2018. Oder im genussvollen Leben die wunderschönen Beine von der Bauernfrau 1895, von der Lady aus dem Goldenen Zwanziger, und 2200 erinnern auch die schönen Frauen von 1975. Skat mit Einstein, Hawking und Humphrey Bogart, yeah… Live Long And Prosper (Spock in Star Trek, siehe GIF)

Tenor

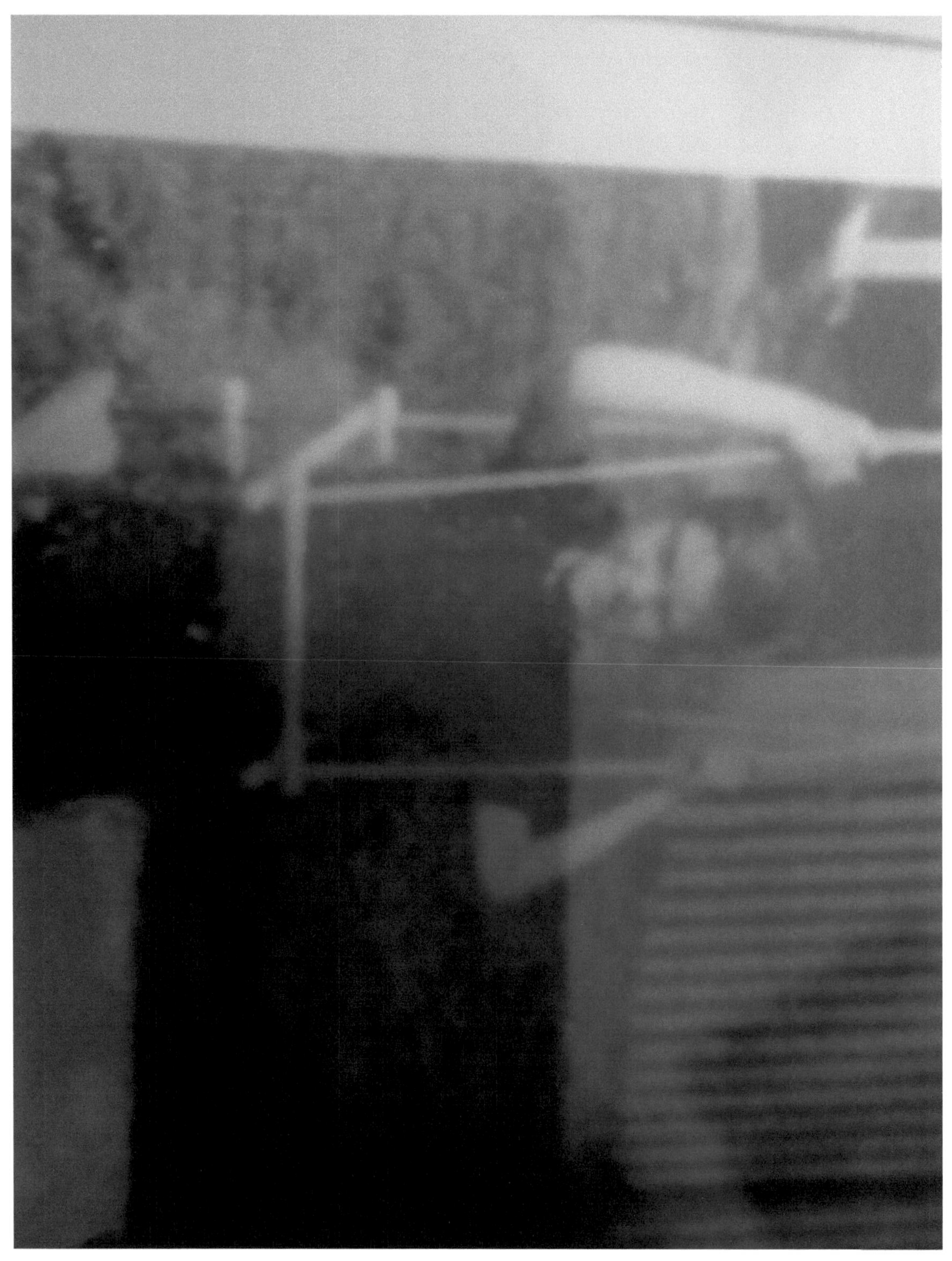

...Worldmusic. Damals
...ogrock, Powerpop. Und Supermas
...o (natürlich in 8 Min-MaxiSingle)...
...n sind die Songs - neben den Nr. 1
...loyd, Genesis, Abba oder Michael
...David Bowie usw usw FÜR IMMER
...n alten TV-Serien, Filmen oder
...ten gemacht. Diese Aura, die
...1986, diese Zeitoase von 1998,
...rittes Reich, Bonner Republik,
...FÜR IMMER, SCHALL UND
...erien und meine Lebensproasen:
...s! Dallas! Twin Peaks! Dr. House!
...loge nur in 1970 oder 1988 oder
...oder 2018! Die Medien dienen
...n den 70er Jahren mit
...langhaarige Hippies, natürlich
...umental erwähnt). Oder nur
...mit belanglosen Teeniehits -
...Kenny?)... Für immer VORBEI,
...m geistig für die Ewigkeit
...piration in 178 Jahren durch
...etverstaubung? Gibts das?
...wegbrennt, in Schutt und
...981 oder sonstwas - in
...ndin, der Freund, an dem
...er und Verzweiflung...
...nsch kann nicht erfassen,
...tten damals gelacht, was
...ment, Enthusiasmus
...) - und 2018? Egal,

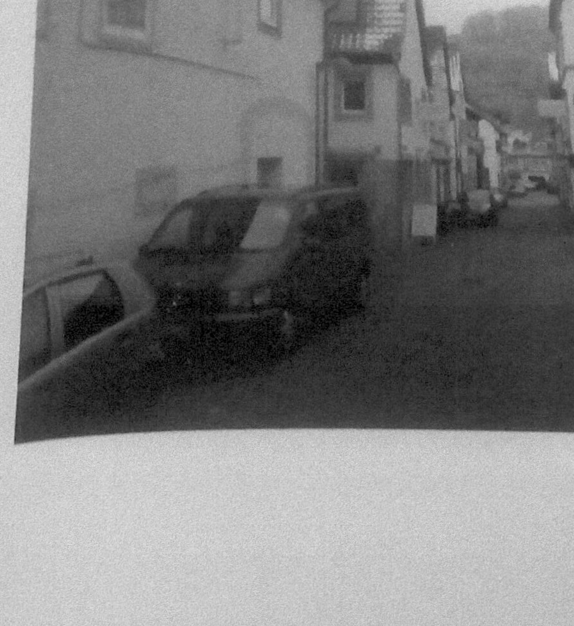

30. August 2018 21:19

John Coltrane mit "A Love Supreme" - die Hälfte gehört, Miles Davis definitiv gehört mit dem Album "A Kind Of Blue", Glenn Miller natürlich, Ella Ella und Billie Holiday auch... Mi gehts genauso, wie ich es mit dem ZEIT-Wisch geschrieben hab. The Beatles, Neil Young oder Frank Zappa, Bob Marley, Led Zeppelin oder Kate Bush oder Deep Purple: dann ist tatsächlich im Jahr 2115 nix von Stairway To Heaven, Heart Of Gold oder Highway Star...

Firefall war die typische US-amerikanische Musik in den 70ern.. Als Teenie waren die USA mit Sonnen-Eldorado, Freiheit, langhaarige Hippies, melancholischer Country mit Gitarre: Rhinestone Cowboy, Hotel California oder eben Strange Way... "Roter Faden": Wer KENNT Strange Way? Kein Mensch kennt DIESE Melodie, Aura, Momentum... Firefall war bei mir auch ein (anderes) Vinylalbum - war durch einen Privatfreund (A.H.).

19

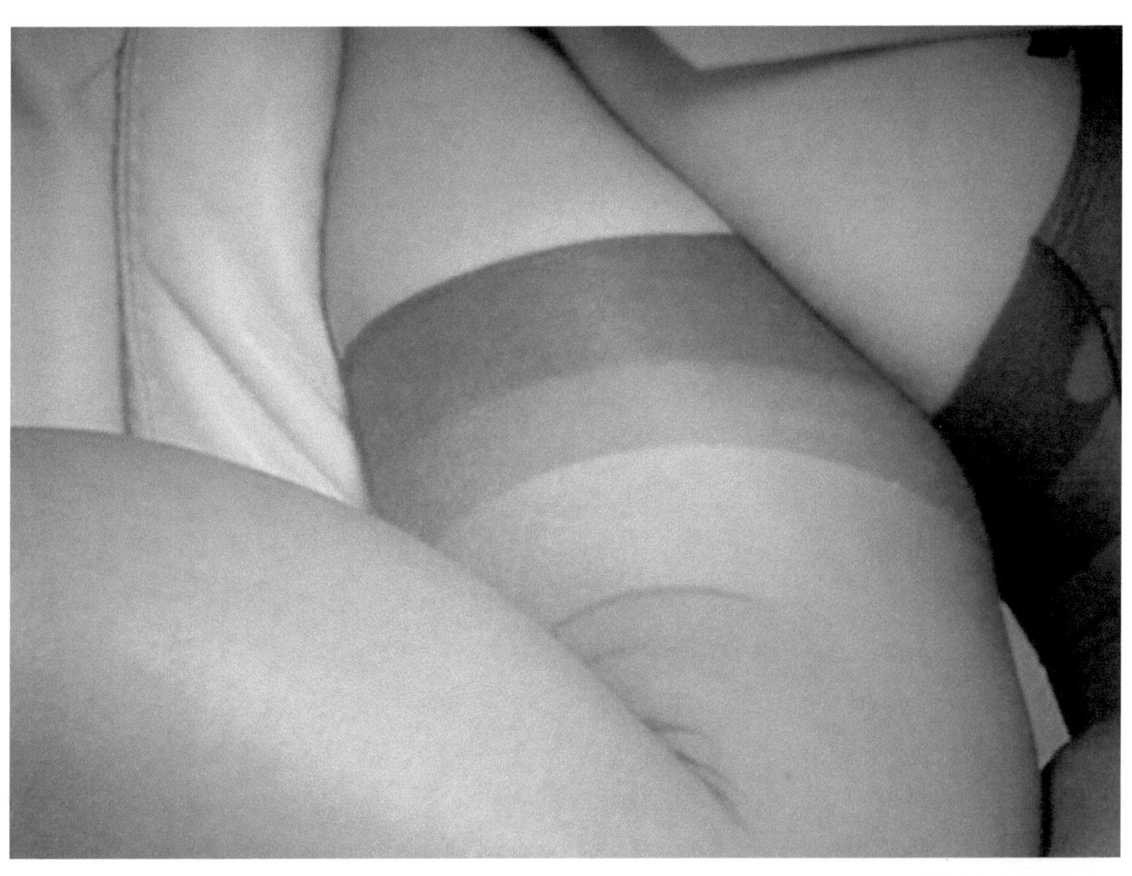

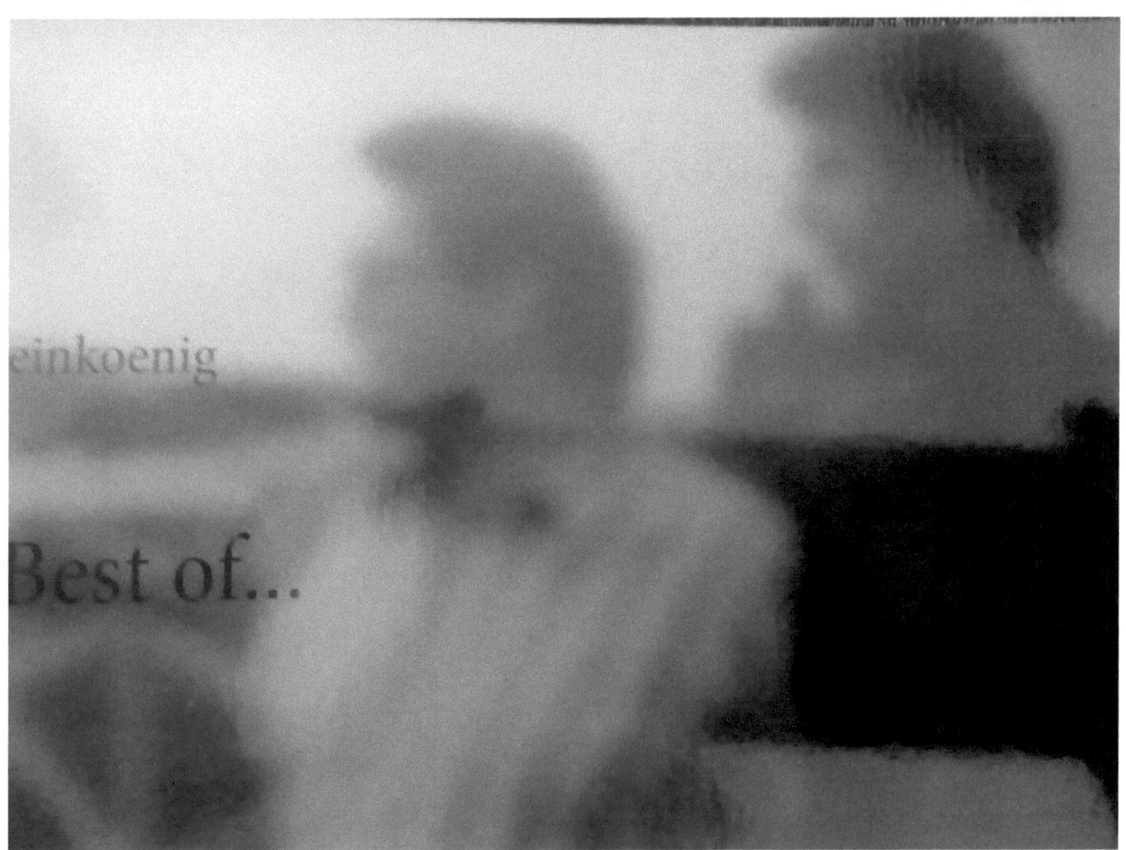
einkoenig
Best of...

... der begreifen. Wir sin... ... checken scheinen. Auf der Erd... ... mit Waffengewalt - dabei ist unser ... Unsere Heimat ist die Umlaufbahn um die Son... ...tensterben wie momentan! Wir sägen uns den Ast ab, auf dem v... ...chtmenschen nicht, das wir die Erde gerade zerstören. ...s sind 5 Euro für's Phrasenschwein, lach). Aber es ist ja so! Und dann laufen Idioten rum wie Trump, für den der Klimawandel eine Erfindung der Chinesen ist. Wissenschaftliche Tatsachen interessieren dem Orangenkopf einen Dreck. Nach mir die Sintflut, ist das Denken von vielen. Profit und Macht sind dann halt wichtiger - die eigene Hütte auf Barbados ist ja sicher... Schaut man von oben auf die Erde (da möchte ich BR-Space Night empfehlen!) herrscht eine göttliche Ruhe, sieht der Planet majestätisch aus - nichts zu sehen von Grenzen, Mördern, Terroristen, Bankstern, Ghettos...

Aus LIEBE IST ALLES (2017)

(Ausschnitt aus Kapitel 17)

Sie ist gerne die Diva, es ist ihr nicht jedes Futter recht, sie meckert gerne über dies und das, sie beschwert sich wenn ich mirerlaube von meinem Platz aufzustehen, trotzdem hört sie, auch wenn sie macht was sie will... Wie sage ich zu Molly immer: "Du bist das hübscheste, bravste, intelligenteste, cleverste, liebste, treueste Katzenmädchen auf der ganzen Welt".

Aus LIEBE IST ALLES (2017)

...apitel B

...ich der komplette Song...

...Beim Kla...

Aus BLOOD ON THE ROOFTOPS:

ZEIT (veröffentlicht erstmals im Wochenblatt KL, 21. April 2012)

Stoisch steht das Haus und widersteht Gezeiten und Stürmen, genießt Sonnenschein und Vogelgezwitscher

Die Hauswand ist nach 115 Jahren verwittert, stolz steht am Türbogen 1897

Kaiserzeit, Anstand und Kinderzüchtigung waren im Hausinneren

Später wurden im Haus Andersdenkende vor dem Staatsmord versteckt

Neue Bäume und Sträucher wachsen vor dem Haus, im Hinterhof tollen die Kinder

Das Haus sieht Wirtschaftswunder, APO, neue Moden

Die Fenster blicken auf die glückliche Mutter mit dem Nachwuchs, die vor Kurzem selbst noch Nachwuchs war

Und welche Melodien an die Wände schallten: La-Le-Lu von Heinz Rühmann, später Glenn Miller

Dann hörte der Bruder die Stones, die Schwester die Beatles...

Das Haus könnte ein Buch über die Menschen schreiben

Deren Verhalten, die Beeinflussung durch Suggession von Medien und Staat

Gesellschaftswandel, Zeitenwandel, neue unsichtbare Gesetze, neue Zeitgeister

Doch das Haus steht weiter stoisch und ist neugierig auf zukünftige Dinge

KAMPF

MUT

WILLE

DISZIPLIN

GELASSENHEIT, HARMONIE, DEMUT, LIEBE, GESUNDHEIT, HEILUNG, NEUES LEBEN

THE BEST OF...

7 ISBN-Bücher hatte ich 2017. Nach dem 7. Buch hatte ich den Break. Schlaganfall, Epilepsie, Sinnigerweise: Mediainfarkt... Diese Momentums habe ich 3 NO ISBN-Bücher geschrieben (und CD-R-Sammlungen als "Bücher"). Chronologie im Dezember oder Januar oder April oder Mai... Neues Leben heißt auch neue Gedanken über das Leben, über Gesundheit, Gemeinschaft, Zweisamkeit, Gewohnheiten von mir im Leben, ca 9 Uhr aufstehen - früher 12 Uhr normal mit aufstehen, Disziplin mit Alkohol und Rauch, Wehmut mit Erlebnissen, Partys, Freunde, Gemeinschaften... Trotzdem das alles hinkriegen! Trotzdem natürlich POSITIVE ENERGIE, POSITIVE ZUKUNFT! Interessant sozusagen, meine Theraphien: sehr schön mit Logophädie, Ergo, Rehasport durch den Hausarzt! Aber ich werde den Kampf, Mut, Wille, Disziplin schaffen! 3 Monate? 1 Jahr? Oder tatsächlich bis 2025 bei der Psychologin/Betreuerin??? Ich schaffe es, weil ich selbstbewusst einen starken Geist habe

<3

Zu den Büchern möchte ich eine Art The Best of kreiren. Nach Zeiten schmökere ich ein ISBN-Buch und denke: wow, das hab ich ja, das war doch schon beim NO ISBN-Buch dabei.

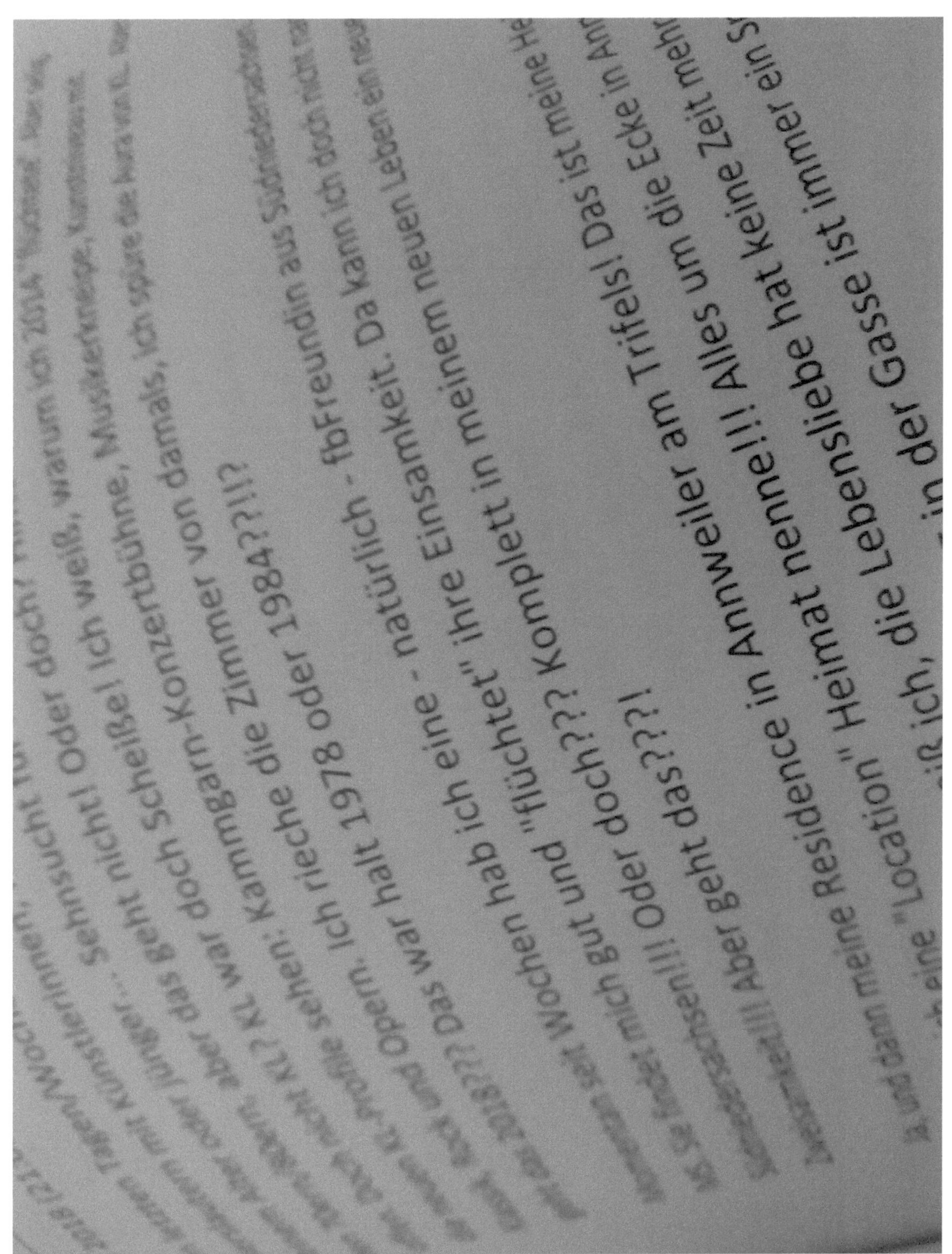

Talent/Künstlerinnen... Sehnsucht! Oder doch? ...
geht nicht! Ich weiß, warum ich 2014 Konzert ...
das geht nicht! Scheiße! Ich weiße, Musikerkneipe, Kantinen...
oder aber das war doch Scheiße-Konzertbühne von damals, ich spüre sie hier ein ...
KL? KL war doch KL: Kammgarn: Kammgarn die Zimmer von damals
sehen: Ich rieche die Zimmer oder 1984??!!?
Opern war halt 1978 oder oder - fbFreundin aus Südniederzwehren nicht za...
2018?? Das war eine - natürlich - natürlich. Da kann ich doch nicht za...
hab ich eine - eine - ihre Einsamkeit. Da kann ich doch nicht ...
seit Wochen hab ich und "flüchtet" ihre Einsamkeit in meinem neuen Leben ein neu...
fühle mich gut und "flüchtet"??? Komplett in meinem neuen
ich fühle mich gut und doch??? Komplett in
lachen!!! Oder doch???!
sachsen!!! Oder geht das???!
heil!! Aber geht das???!
Aber Residence in Annweiler am Trifels! Das ist meine He...
dann meine Residence in Annweiler!!! Alles um die Ecke in Ann...
und dann "Location" Heimat nenne!!! Alles um keine Zeit mehr...
eine "Location" Heimat Lebensliebe hat keine Zeit mehr...
weiß ich, die Lebensliebe ist immer ein S...
ich, die, in der Gasse ist immer ein S...

Die Vögel

Rollerball (Original!!!!!!!!)

Spiel mir das Lied vom Tod

Shining

Einer flog über das Kuckucksnest

2001 - Odysee im Weltraum

Die Klapperschlange

Fluchtpunkt San Francisko (Original!!!!)

FLIPPERKUGEL

---

28. Juli 2018 (21:03h)

Kopfkino 1971, Schwimmbad 1976, Goldener Oktober 1977, Wegwerfmusik 2019, Mainstream 2019

Gerd Steinkoenig·Montag, 21. Januar 20194 Mal gelesen

Gedankensplitter in meinem Kopfbau.

Sauseschritte in den diversen Zeiten.

Kopfkino von den Straßen in Schifferstadt, Enkenbach,

Kaiserslautern, Mannheim, Frankfurt, Stuttgart...

Bla bla bla...

Im Kopfkino ist es immer zeitlos!

Diverse Zeitgeister, Zeitoasen, Autos, Mode,

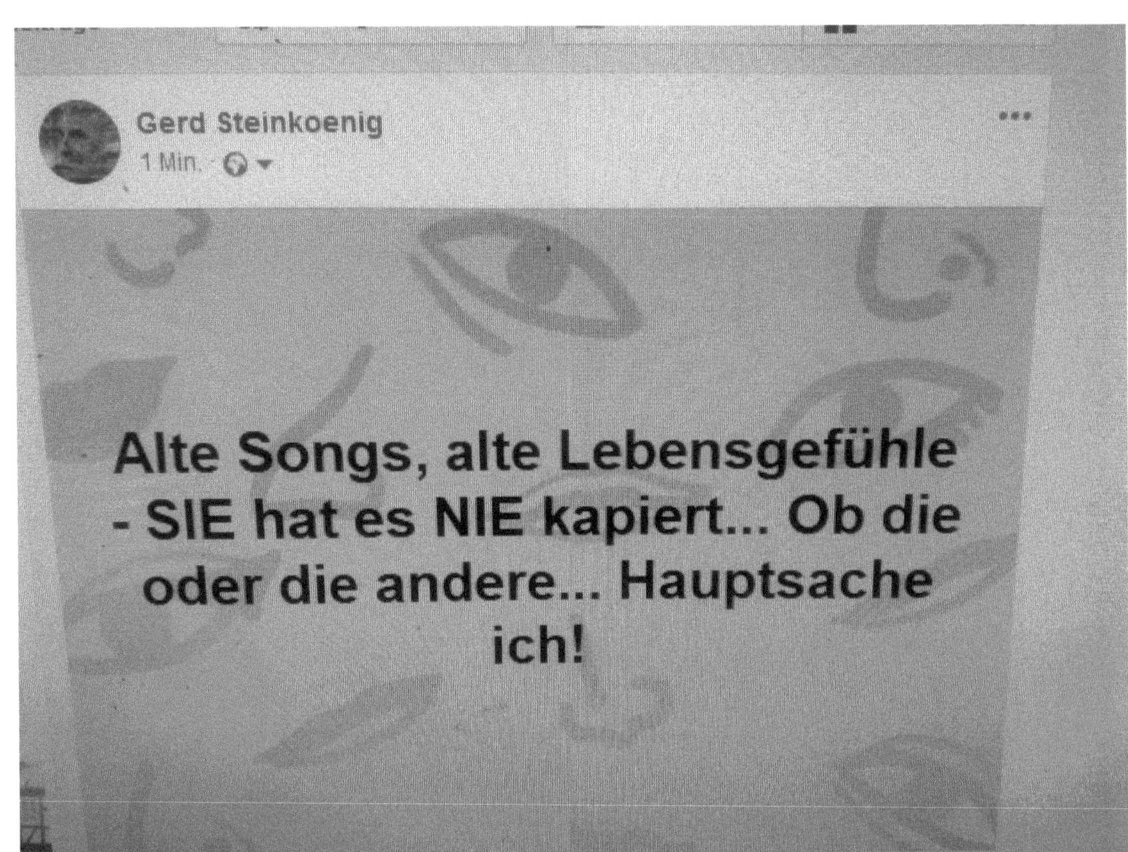

Gerd Steinkoenig
1 Min.

Alte Songs, alte Lebensgefühle - SIE hat es NIE kapiert... Ob die oder die andere... Hauptsache ich!

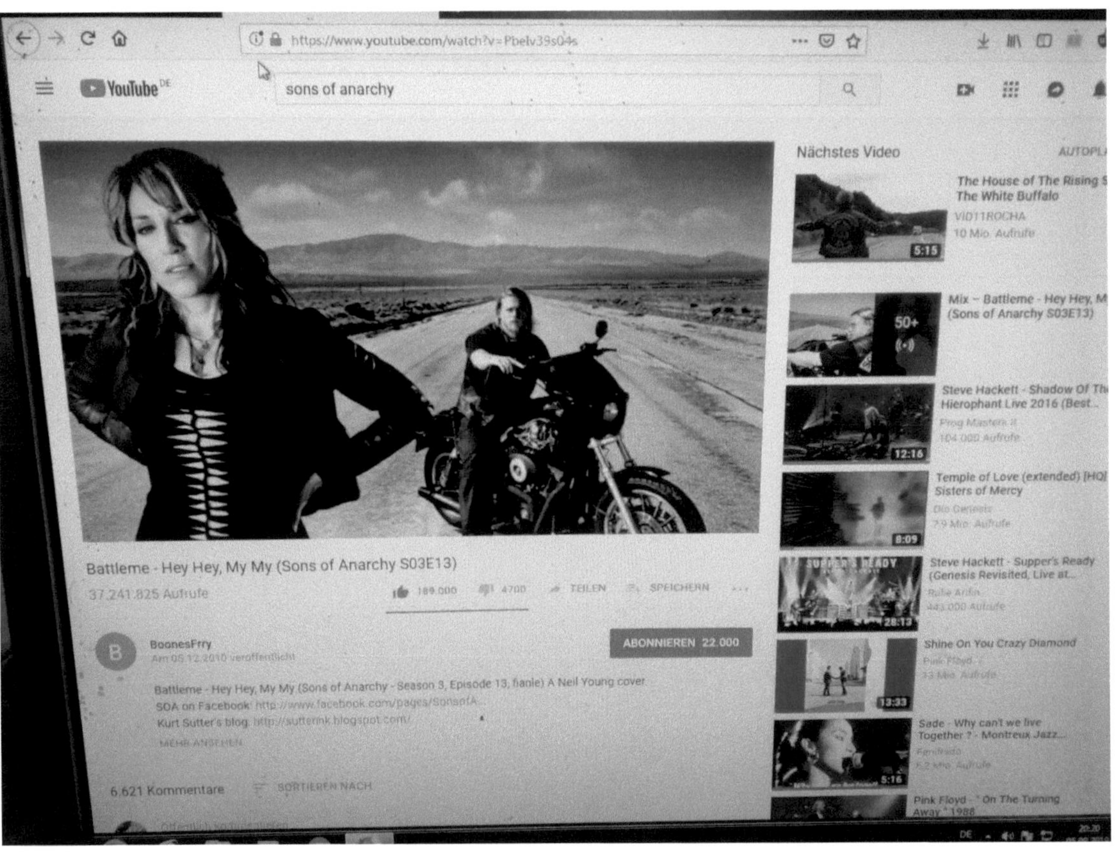

https://www.youtube.com/watch?v=Pbelv39s04s
YouTube
sons of anarchy
Nächstes Video
The House of The Rising Sun - The White Buffalo
VID11ROCHA
10 Mio. Aufrufe
5:15
Mix – Battleme - Hey Hey, My My (Sons of Anarchy S03E13)
Steve Hackett - Shadow Of The Hierophant Live 2016 (Best...
Prog Masters II
104.000 Aufrufe
12:16
Temple of Love (extended) [HQ] Sisters of Mercy
Die Gelisto
7.9 Mio. Aufrufe
8:09
Steve Hackett - Supper's Ready (Genesis Revisited, Live at...
Rolie Arilio
443.000 Aufrufe
28:13
Shine On You Crazy Diamond
Pink Floyd
13 Mio. Aufrufe
13:33
Sade - Why can't we live Together ? - Montreux Jazz...
FenilReich
1.2 Mio. Aufrufe
5:16
Pink Floyd - " On The Turning Away " 1988
Battleme - Hey Hey, My My (Sons of Anarchy S03E13)
37.241.825 Aufrufe
189.000   4700   TEILEN   SPEICHERN
BoonesFrry
Am 05.12.2010 veröffentlicht
Battleme - Hey Hey, My My (Sons of Anarchy - Season 3, Episode 13, fiinale) A Neil Young cover.
SOA on Facebook: http://www.facebook.com/pages/SonsofA...
Kurt Sutter's blog: http://sutterink.blogspot.com/
MEHR ANSEHEN
ABONNIEREN 22.000
6.621 Kommentare   SORTIEREN NACH

Kuugelschreibeäär... Alzey-Klinik 2017... Arzt zeigt Kugelschreiber... Sag es! Ich sagte...

Sag mir...

Warum

Sag mir...

Warum

Dies ist das Buch, das ich nie gelesen habe

Dies sind die Worte, die ich niemals sagte

(Annie Lennox, "Why")

4

Menschengemeinschaft.. Gestorben.. Geboren... Umwandlungen der Menschengemeinschaft... Durch Zeitgeister anders? Durch political correctness anders als normal das Gehirn wäre? Was war Menschengemeinschaft 1940 oder 1618 oder 1789 oder 1989 oder 2001?

5

Vorherbare Attributs durch meine DNA? Vorhersehung?

6

Die Entwicklung meiner Bücher von 2017 (Blood On The Rooftops) bis 2019 hier, ist komplett... Idealismus bei Buch 1 (Blood..) oder Theraphie ("Eichhörnchen") oder auf den Punkt (Rust Never Sleeps). Meine Gedanken sind aus.

Ach ja, gibt nx, mit dem Roman, hahahahaha :-D

trotzdem lesbar. Ach, ääh, die 3 Fehler hab ich ausgemerzt... (24. Okt. 2018)

DAS UNTERSCHÄTZESTE ALBUM DER ROCKGESCHICHTE

SWEET FANNY ADAMS - (THE) SWEET / April 1974

Teenagerzeit mit Bravo, Schule, Kumpels aus Schwedelbach. Sweet (damals mit "The"...) hatten immer die "Ferien-Singles" mit Teenage Rampage, Ballroom Blitz, Hell Raiser, Wig Wam Bam usw. Sweet wollten Hardrock - die Komponisten/Produzenten wollten Glam al Teenieband... "Sweet Fanny Adams" war ein Album OHNE die Singles, meistens mit Hardrock, meistens geschrieben von den Band-Members! Der Titeltrack ist Punk!! Geile Songs sind "Set Me Free", "No You Don´t", "Rebel Rouser"... Erinnerungen damals... Ach ja... Und in meinem Buch der rote Faden: Schall & Rauch, vergessen, kein Mensch kennt "Set Me Free"... Na jaaa, natürlich Wikipedia über das Album, You Tube mit Sweet-Channel, alles klar, aaber... (25. Okt. 2018)

1

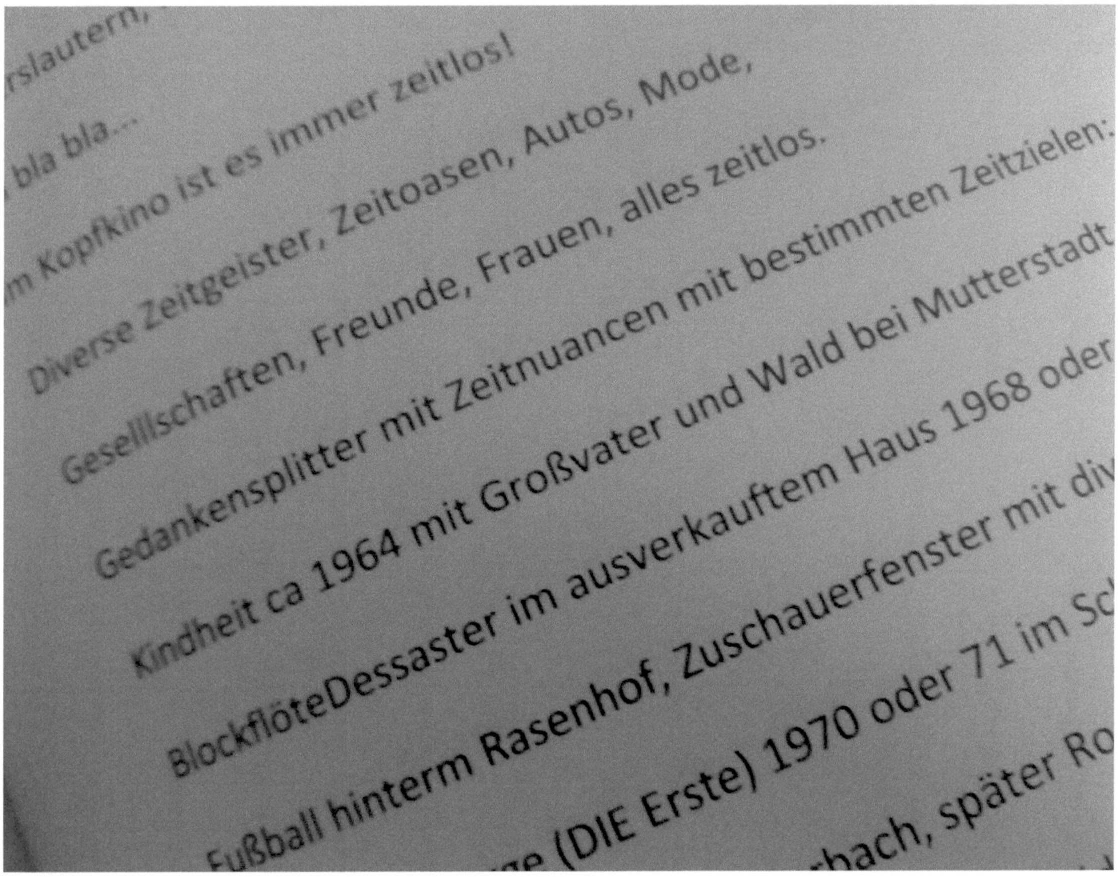

...rslautern,
bla bla...
m Kopfkino ist es immer zeitlos!
Diverse Zeitgeister, Zeitoasen, Autos, Mode,
Gesellschaften, Freunde, Frauen, alles zeitlos.
Gedankensplitter mit Zeitnuancen mit bestimmten Zeitzielen:
Kindheit ca 1964 mit Großvater und Wald bei Mutterstadt
BlockflöteDessaster im ausverkauftem Haus 1968 oder
Fußball hinterm Rasenhof, Zuschauerfenster mit div
...ge (DIE Erste) 1970 oder 71 im Sc
...bach, später Ro

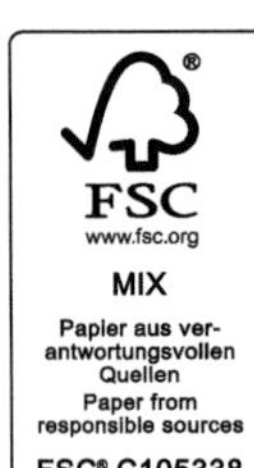

Herstellung und Verlag:
BoD – Books on Demand, Norderstedt
ISBN: 978-3-7494-8431-7